SCHNELLE SOMMERKÜCHE

EIN BUCH DER
EDITION MICHAEL FISCHER

INHALTS-VERZEICHNIS

GRUNDLAGEN

Saisonkalender – Gemüse

GEMÜSE/SALAT/PILZE	JANUAR	FEBRUAR	MÄRZ	APRIL	MAI
Aubergine					■
Bataviasalat					
Blumenkohl					
Brokkoli					
Bohnen					
Champignons	■	■	■	■	■
Chicorée	■	■	■		
Eichblattsalat					
Eisbergsalat					
Erbsen					
Fenchel					
Feldsalat	■	■	■	■	
Grünkohl	■	■			
Gurken					■
Kartoffeln	■	■	■	■	■
Knoblauch	■	■	■	■	■
Knollensellerie	■	■	■	■	■
Kohlrabi				■	■
Kopfsalat					
Kürbis	■	■			
Lauch	■	■	■	■	
Mais					
Mangold					
Meerrettich					■
Möhren	■	■	■	■	■
Paprika					■
Pastinake	■	■	■	■	
Petersilienwurzel	■	■	■	■	
Pfifferlinge					
Radieschen				■	■
Rettich					
Rosenkohl	■	■	■	■	
Rote Bete	■	■	■		
Rotkohl	■	■			
Rucola					■
Romanasalat					■
Schwarzwurzel	■	■			
Spargel				■	■
Spinat					■
Stangensellerie					
Steckrüben	■	■	■		
Steinpilze					
Tomaten					
Topinambur	■	■	■	■	
Weißkohl	■	■			
Wirsing	■				
Zucchini					
Zwiebeln	■	■	■		

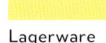

JUNI	JULI	AUGUST	SEPTEMBER	OKTOBER	NOVEMBER	DEZEMBER

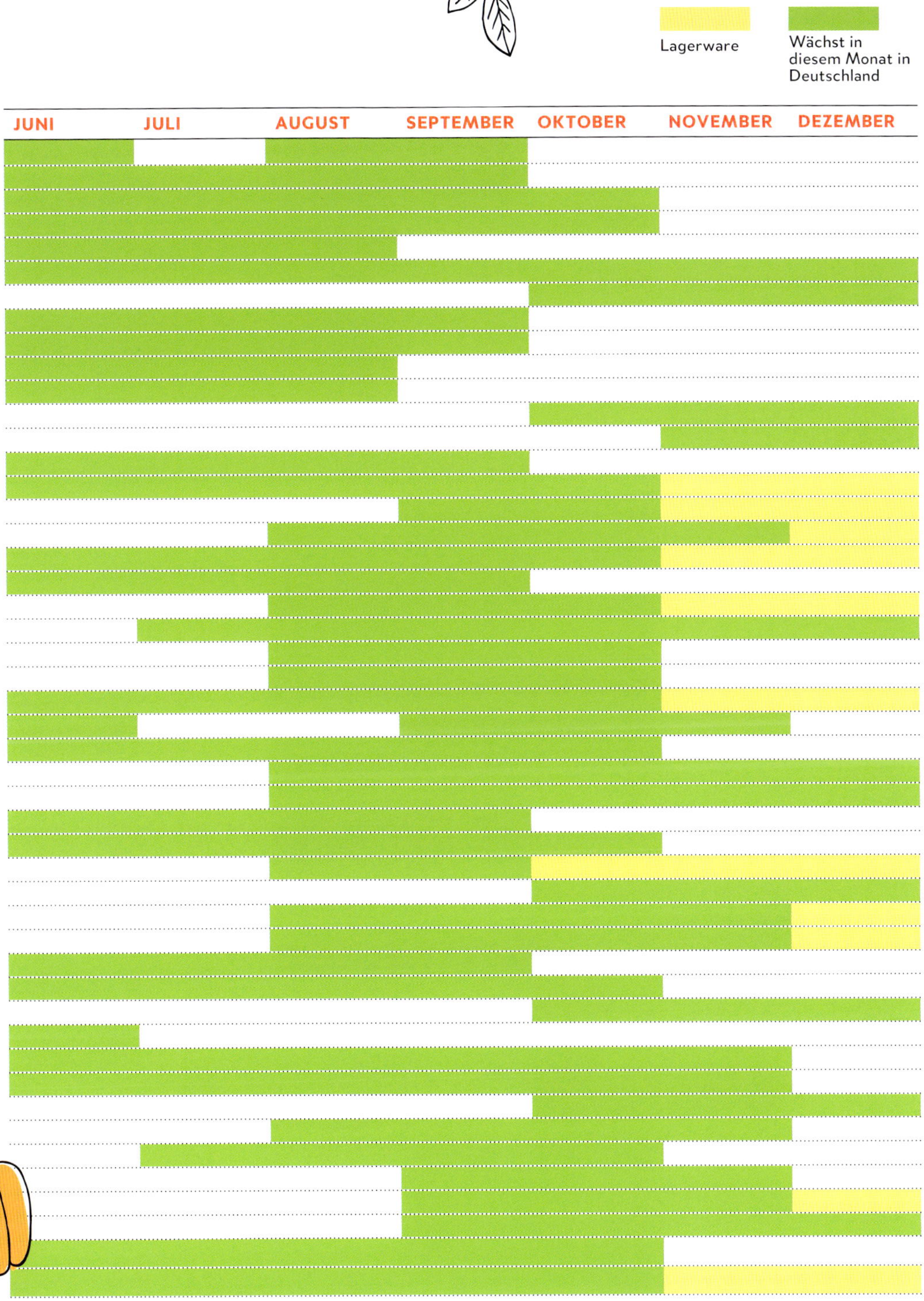

Saisonkalender – Obst

OBST/NÜSSE	JANUAR	FEBRUAR	MÄRZ	APRIL	MAI
Äpfel	■	■	■	■	■
Aprikosen					
Birnen	■	■	■		
Blaubeeren					
Brombeeren					
Erdbeeren					■
Hagebutten					
Haselnüsse	■	■	■	■	■
Himbeeren					
Holunderbeeren					
Johannisbeeren					
Kastanien	■	■	■	■	■
Kirschen					
Melonen					
Mirabellen					
Nektarinen					
Quitten	■				
Pfirsiche					
Rhabarber				■	■
Stachelbeeren					
Trauben					
Walnüsse	■	■	■	■	■
Zwetschgen					

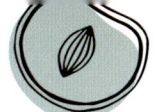

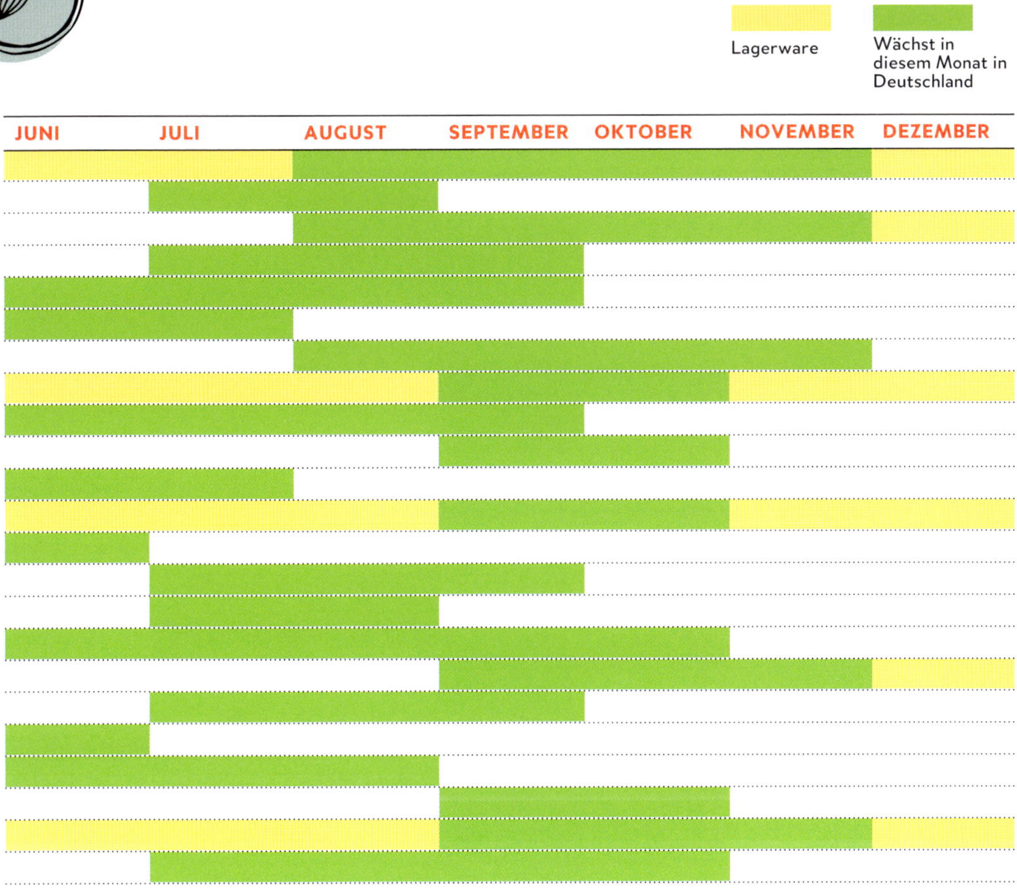

Lagerware
Wächst in diesem Monat in Deutschland
JUNI
JULI
AUGUST
SEPTEMBER
OKTOBER
NOVEMBER
DEZEMBER

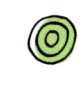

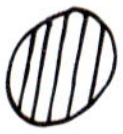

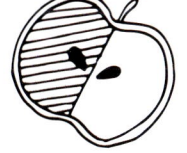

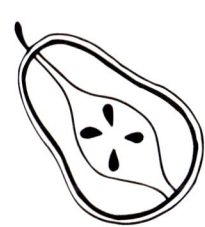

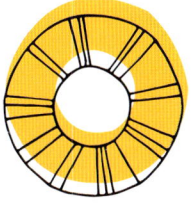

REZEPTE

SPINATWAFFELN

mit Joghurt und Kresse

FÜR 6 WAFFELN

Für die Spinatwaffeln

– 80 g Spinat

– ½–1 Knoblauchzehe

– 125 ml Milch
(alternativ Mandeldrink)

– 1 EL Olivenöl

– 1 Ei (Größe M)

– ½ TL Weinstein
Backpulver

– 100–125 g Dinkel-
vollkornmehl

– Zitronensaft

– Salz, Pfeffer

– Muskatnuss

Für den Limetten-Joghurt

– 200 g griechischer
Joghurt

– 1 Bio-Limette

– 1 EL Olivenöl

Sonstiges

– 1 Tomate

– Kresse, z. B. Radieschen-
kresse

UND SO GEHT'S

1 Den Spinat waschen und trocken schleudern. Zusammen mit der geschälten Knoblauchzehe, der Milch und dem Olivenöl gut pürieren. Das Ei verquirlen und dazugeben.

2 Anschließend das Backpulver mit 100 g Vollkornmehl vermischen und mit Spinatmilch verrühren. Bei Bedarf etwas mehr Mehl zugeben, sodass ein zähflüssiger Teig entsteht. Mit einem Spritzer Zitronensaft, Salz, Pfeffer und frischer Muskatnuss abschmecken.

3 Den Teig etwa 10 Minuten ruhen lassen und danach im Waffeleisen ausbacken.

4 Den Joghurt mit dem Abrieb und dem Saft der Limette sowie dem Olivenöl verrühren und mit Salz und Pfeffer abschmecken.

5 Die Spinatwaffeln mit Tomatenscheiben, dem Limettenjoghurt und etwas Kresse garnieren.

TIPP

Die Waffeln schmecken auch kalt sehr gut. Den Limetten-joghurt nach Belieben mit etwas Milch cremiger rühren.

WASSERMELONEN-SALAT
mit Feta

FÜR 2 PORTIONEN

Für das Dressing

- 1 Zitrone
- 2 EL Olivenöl
- 1 EL Senf
- 1 TL Honig
- Salz
- Pfeffer

Für den Salat

- 30 g Walnusskerne
- 200 g Kirschtomaten
- ½ kleine Wassermelone
- ¼ Bund frisches Basilikum (nach Belieben)
- 100 g Feta
- 1 EL Sesam

UND SO GEHT'S

1 Für das Dressing die Zitrone auspressen. Den Zitronensaft mit Olivenöl, Senf, Honig, 3 EL Wasser und je 1 Prise Salz und Pfeffer verrühren.

2 Für den Salat und einen extra Aromakick die Walnusskerne in einer Pfanne ohne Fett bei mittlerer Hitze für 2–3 Minuten rösten.

3 Die Tomaten waschen und halbieren. Die Wassermelone vierteln, von der Schale befreien und das Fruchtfleisch in kleine Würfel schneiden. Das Basilikum waschen, trocken schütteln und die Blättchen abzupfen. Den Feta in 1 cm große Würfel schneiden, gemeinsam mit den restlichen Zutaten in eine große Schüssel geben und gut vermischen.

4 Den Salat auf zwei Schüsseln verteilen, mit dem Honig-Senf-Dressing beträufeln und mit Sesam bestreuen. Dazu schmeckt eine Scheibe geröstetes (glutenfreies) Brot.

TIPP

Am Vorabend den Feta mit 4 EL Olivenöl, 2 Knoblauchzehen und ½ Bund Thymian in ein Einmachglas geben. Dadurch bekommt der Feta ein angenehm mediterranes Aroma.

BLUMENKOHL-TABOULÉ
mit scharfen Hackbällchen

FÜR 2 PORTIONEN

– 500 g Blumenkohl

– 2 EL neutrales Öl zum Braten

– Salz, Pfeffer

– ¼ TL gemahlener Kreuzkümmel

– 1 EL Zitronensaft

– 3 Frühlingszwiebeln

– 1 rote Paprika

– ½ Bio-Salatgurke

– je ½ Bund Minze und Petersilie

– 300 g mageres Rinderhackfleisch

– 2 EL Quark (20 % Fett)

– 1 EL Mandelmehl

– 2 TL Harissa (nordafrikanische Chilipaste)

UND SO GEHT'S

1 Den Blumenkohl waschen, in Röschen teilen und in einem Standmixer auf Couscous-Größe zerkleinern. Alternativ auf einer Gemüsereibe grob raspeln. 1 EL Öl in einer beschichteten Pfanne erhitzen, darin den Blumenkohl unter Wenden 3–4 Minuten anbraten. Mit Salz, Pfeffer und Kreuzkümmel würzen und den Zitronensaft unterrühren. Den Blumenkohl in eine Schüssel füllen.

2 Die Frühlingszwiebeln putzen, waschen und in feine Ringe schneiden. Die Paprika halbieren, putzen, waschen und klein würfeln. Die Gurke waschen, streifig schälen und längs halbieren. Die Hälften mit einem Löffel entkernen und in schmale Scheiben schneiden. Die Kräuter waschen, trocken schütteln, Blättchen abzupfen und hacken. Alles unter den Blumenkohl mischen und ziehen lassen.

3 Inzwischen für die Hackbällchen das Hackfleisch mit Quark, Mandelmehl, Harissa, Salz und Pfeffer verkneten. Aus der Masse kleine Bällchen formen. 1 EL Öl erhitzen, darin die Bällchen rundherum etwa 10 Minuten braten. Taboulé erneut durchrühren und abschmecken. Den Salat mit den Bällchen obenauf servieren.

TIPP

Veggie-Variante: Statt der Hackbällchen 150 g gewürfelten Schafskäse mit einem Mix aus Harissa und 1 EL Olivenöl verrühren und kurz ziehen lassen. Fetawürfel auf dem Taboulé anrichten.

SPINATSALAT
mit Grapefruit

FÜR 1 PORTION

- 80 g Kichererbsen (Dose)
- ½ Grapefruit
- ½ Avocado
- 2 Handvoll Blattspinat
- 1 EL Olivenöl
- 4 EL Orangensaft
- gemahlener Kreuzkümmel
- Salz
- Pfeffer

UND SO GEHT'S

1 Die Kichererbsen in ein Sieb geben und abtropfen lassen. Die Grapefruit filetieren, bei Bedarf noch einmal halbieren.

2 Die Avocado halbieren, den Stein und die Schale entfernen, das Fruchtfleisch würfeln. Den Blattspinat waschen, verlesen und trocken schleudern.

3 Alle Zutaten in eine Schale geben. Für das Dressing das Öl mit Orangensaft, etwas Kreuzkümmel, Salz und Pfeffer aufschlagen. Abschmecken und über den fertigen Spinatsalat geben.

BLÄTTERTEIG-CRACKER

mit Rosmarin und Salz

FÜR 30–35 STÜCK

- 1 Rolle Blätterteig (Fertigprodukt)
- 3 Zweige Rosmarin
- 3 EL Olivenöl
- 3 TL Meersalz

UND SO GEHT'S

1 Den Backofen auf 200 °C (Ober-/Unterhitze) vorheizen.

2 Den Blätterteig ausrollen und mit einem scharfen Messer oder einem Pizzaroller in 5 × 5 cm große Cracker schneiden. Die Cracker mit etwas Abstand zueinander auf ein mit Backpapier belegtes Backblech geben.

3 Die Nadeln des Rosmarins abzupfen und grob hacken. Die Cracker mit etwas Olivenöl bepinseln und mit Rosmarin und Meersalz bestreuen.

4 Im heißen Ofen (Mitte) 6–8 Minuten backen. Die Cracker dann mit einem Backpapier abdecken, ein Backblech auf die Cracker legen, um sie zu beschweren, und weitere 10–15 Minuten backen, bis sie goldgelb und knusprig sind.

5 Die Cracker aus dem Ofen nehmen und vor dem Servieren vollständig abkühlen lassen.

GLASNUDELSALAT
mit Pute

FÜR 2 PORTIONEN

- 2 getrocknete
  Mu-Err-Pilze
- ½ Pck Glasnudeln (120 g)
- 2 cm Ingwer
- 250 g Putenschnitzel
- 4 Frühlingszwiebeln
- 1 rote Paprika
- 1 EL Pflanzenöl
- Salz
- Schwarzer Pfeffer
  aus der Mühle
- 1 kleines Bund
  Koriandergrün
- 1 EL Sojasauce
- 2 EL dunkles Sesamöl
- Saft von ½ Bio-Limette

Außerdem

- 1 saftige Flugmango
  zum Garnieren
- 1 TL Sweet-Chili-Sauce
  zum Garnieren
- etwas Koriandergrün
  zum Garnieren (nach
  Belieben)

UND SO GEHT'S

1 Die Mu-Err-Pilze sowie die Glasnudeln separat in Schüsseln mit heißem Wasser begießen und 10 Minuten quellen lassen. Den Ingwer schälen und klein würfeln. Die Putenschnitzel schräg in dünne Streifen schneiden. Die Frühlingszwiebeln putzen, waschen und in schmale Streifen schneiden. Die Paprik waschen, halbieren, entkernen und in schmale Streifen schneiden.

2 In einer Pfanne das Pflanzenöl erhitzen und darin die Fleischstreifen von allen Seiten etwa 2 Minuten braten. Mit Salz und Pfeffer würzen. Die Pilze in ein Sieb abgießen, in kleine Stücke schneiden und in die Pfanne streuen. Nur kurz garen und die Pfanne beiseiteziehen.

3 Den Koriander waschen, Blättchen abzupfen (etwas für die Deko zurückhalten) und grob hacken. Die Glasnudeln in ein Sieb abgießen, gut abtropfen lassen und dann in einer Schüssel mit Ingwer, Koriander, Sojasauce, Sesamöl sowie dem Pfanneninhalt locker vermengen. Zuletzt Frühlingszwiebeln und Paprikastreifen untermischen. Mit Limettensaft und nach Geschmack mit Salz und Pfeffer würzen.

4 Den Salat auf zwei Teller verteilen. Nach Belieben eine Mango schälen und das Fruchtfleisch in mundgerechte Stücke schneiden. Die Salatteller damit garnieren und mit Sweet-Chili-Sauce beträufeln. Nach Belieben zusätzlich mit etwas frischem Koriandergrün garnieren.

TIPP

Es gibt feine und dicke Glasnudeln. Je nach Geschmack einfach die Lieblingssorte wählen.

SPANISCHE

Scones

FÜR 10 STÜCK

- 50 g pikante Wurst
  (z. B. Chorizo)

- 100 g würziger Käse
  (z. B. Bergkäse)

- 200 g Mehl

- 1 Pck Backpulver

- 1 Msp. geräuchertes Chilipulver (z. B. Chipotle)

- 50 g eiskalte Butter

- 150 ml Milch

UND SO GEHT'S

1 Den Ofen auf 220 °C vorheizen. Ein Backblech mit Backpapier auslegen. Die Wurst fein hacken, den Käse fein reiben. Das Mehl mit dem Backpulver und dem Chilipulver in einer Schüssel vermischen. Die Butter in Stückchen schneiden und hinzufügen. Die Milch dazugießen und alles mit dem Handrührgerät verrühren.

2 Die Wurst und den größten Teil des Käses unter den Teig mischen. Den Teig auf einer bemehlten Arbeitsfläche etwa 4 cm dick ausrollen, mit einem Glas (oder Ausstecher) 10 Kreise à 4 cm Durchmesser ausstechen. Die Teigkreise auf das Backblech legen, mit dem übrigen Käse bestreuen und im Ofen 15 Minuten backen, bis der Käse zerlaufen ist.

KALTE ERBSENSUPPE
mit Flusskrebsen

FÜR 2 PORTIONEN

– 250 g TK-Erbsen

– ¼ kleines Bund Dill

– 250 ml kalte Gemüsebrühe

– 1 EL Olivenöl

– 100 g Joghurt

– Salz

– Pfeffer

– Cayennepfeffer

– 100 g geschälte Flusskrebse

UND SO GEHT'S

1 Die tiefgefrorenen Erbsen in kochendem Salzwasser etwa 2 Minuten garen. Dann in ein Sieb abgießen, mit kaltem Wasser abschrecken und abtropfen lassen. Den Dill waschen, trocken schütteln und die Dillspitzen fein hacken.

2 Die Erbsen mit Gemüsebrühe, Olivenöl und Joghurt im Standmixer pürieren. Mit Salz, Pfeffer und Cayennepfeffer würzen. Den Dill unterrühren. Die Flusskrebse auf zwei Portionsschalen verteilen und mit der kalten Erbsensuppe begießen.

TIPP

Den Joghurt durch saure Sahne oder Buttermilch ersetzen.

RINDERSTEAKS
mit gegrillter Melone

FÜR 2 PORTIONEN

– 150 g Feta
– ½ kleines Bund Dill
– 2 EL Pflanzenöl
– 4 kleine Minutensteaks
  (vom Rindernacken,
  à ca. 80 g)
– Salz
– Pfeffer
– 2 EL Olivenöl
– 4 halbe Scheiben
  Wassermelone
– 1 TL Balsamico-Creme

UND SO GEHT'S

1 Den Feta zerbröckeln oder klein schneiden. Dill waschen, trocken schütteln und fein hacken. Das Pflanzenöl in einer Pfanne erhitzen, die Minutensteaks darin auf jeder Seite kurz braten und mit Salz und Pfeffer würzen. Herausnehmen und in Alufolie hüllen.

2 Das Olivenöl in einer Grillpfanne (mit Muster) erhitzen, die Melone darin auf jeder Seite scharf anbraten, dabei zweimal wenden.

3 Die Melonenscheiben auf große Teller legen, die Steaks darauf anrichten und mit Käse bestreuen. Die Balsamico-Creme in Fäden darüberziehen. Ein paar Tropfen Olivenöl darüberträufeln. Alles salzen, pfeffern und mit Dill bestreuen.

CEVICHE
mit Avocado

FÜR 2 PORTIONEN

– 1 rote Zwiebel

– 2 Knoblauchzehen

– ½ kleine rote Chilischote

– 2 Bio-Zitronen

– 250 g weißfleischiges
Fischfilet (z. B. Seebarsch,
Scholle, Kabeljau)

– 1 Avocado

– Salz

– Schwarzer Pfeffer
aus der Mühle

UND SO GEHT'S

1 Die Zwiebel schälen, halbieren, in feine Streifen schneiden. Die Knoblauchzehen schälen und durch eine Knoblauchpresse drücken. Die Chilischote waschen, entkernen, fein würfeln.

2 Die Zitronen heiß waschen, mit Küchenpapier trocken reiben und von der Schale von 1 Zitrone ein paar Zesten (Streifen) mit dem Zestenreißer abziehen. Die Zitronen zu Saft pressen.

3 Das Fischfilet in gleichmäßig schmale Streifen oder Scheibchen schneiden. Die Avocado schälen, halbieren, den Kern entfernen und das Fruchtfleisch in Scheibchen schneiden.

4 Auf den Boden einer kleinen Auflaufform (Glas oder Keramik) etwas Zitronensaft träufeln. Darauf einen Teil Zwiebeln streuen, einen Teil Fischfilet verteilen und alles mit einem Teil Avocado-scheibchen belegen.

5 Zwischen den Schichten immer wieder Zitronensaft träufeln, alles leicht salzen und pfeffern und mit ein paar Zitronenzesten belegen. So lange fortfahren, bis alles eingeschichtet ist. Die Form mit Folie verschließen und das Ceviche für mindestens 20 Minuten im Kühlschrank marinieren lassen.

TIPP

Variante mit Radicchioblättern: Das marinierte Ceviche abtropfen lassen und in großen Radicchioblättern an-richten – oder auf Tortillas servieren.

SPICY GURKEN
mit Kokos

FÜR 4 PORTIONEN

– 1 große Salatgurke

– 2 Schalotten

– 4 Knoblauchzehen

– 1 kleine rote Chilischote
  (je nach Schärfe nur ½)

– 2 EL Erdnussöl

– 1 TL Shrimp-Paste (Trasi)

– 300 ml Kokosmilch (Dose)

– Salz

– Schwarzer Pfeffer

– 1 EL helle Sojasauce

UND SO GEHT'S

1 Die Salatgurke waschen, schälen, quer halbieren und mit einem Sparschäler in lange Streifen schneiden. Alternativ mit dem Spiralschneider in Spaghetti schneiden. Schalotten und Knoblauchzehen schälen und in Streifen schneiden. Die Chilischote putzen, Stiele und Kerne entfernen und in Streifen schneiden.

2 Das Erdnussöl im Wok oder Topf erhitzen und darin Chili, Schalotten und Knoblauch unter Rühren braten. Mit Shrimp-Paste vermischen und mit Kokosmilch aufgießen. Einige Minuten leise köcheln lassen und dabei mit Salz, grob geschrotetem Schwarzen Pfeffer und Sojasauce würzen. Zuletzt die Gurken-Spaghetti einlegen und nur noch ziehen lassen. Nochmals abschmecken und in zwei Schalen verteilen.

OFEN-THUNFISCH

auf Balsamico-Gemüse

FÜR 1 PORTION

– 1 Scheibe frischer Thunfisch (etwa 1 cm dick)

– Salz

– Pfeffer

– 2 Stängel Basilikum

– ½ Zucchini

– 150 g Tomaten

– 2 EL Aceto balsamico

– 1 EL Olivenöl

UND SO GEHT'S

1 Den Backofen auf 250 °C (Ober-/Unterhitze) vorheizen.
Eine ofenfeste Form mit etwas Öl ausstreichen. Den Thunfisch mit
Salz und Pfeffer würzen und in die Form legen.

2 Basilikum abbrausen, trocken tupfen und in feine Streifen
schneiden. Die Zucchini waschen und fein würfeln. Die Tomaten
waschen und ebenfalls in kleine Würfel schneiden.

3 Zucchini und Tomaten mit Basilikum, Aceto balsamico und dem
Öl vermengen und nach Belieben mit Salz und Pfeffer würzen.
Auf dem Thunfisch verteilen. Thunfisch in den heißen Ofen geben
und diesen auf 220 °C herunterregulieren, dann alles noch etwa
7 Minuten schmoren, bis das Gemüse leicht gebräunt ist.

LIMONEN-
SPAGHETTI
mit Zwiebeln

FÜR 2 PORTIONEN

– 1 große Zwiebel

– 1 Bio-Zitrone

– 250 g Spaghetti

– Salz

– ½ kleines Bund Rucola

– 2 EL Olivenöl

– Schwarzer Pfeffer
aus der Mühle

Außerdem

– Fein gehobelte Parmesan-
späne (nach Belieben)

UND SO GEHT'S

1 Die Zwiebel schälen, halbieren und in feine Streifen schneiden. Die Zitrone heiß waschen, abtrocknen und etwa die Hälfte der Schale fein abreiben. Anschließend die Frucht halbieren und zu Saft pressen.

2 Die Spaghetti in reichlich kochendem Salzwasser bissfest garen. Inzwischen den Rucola putzen, waschen und je nach Belieben halbieren oder dritteln.

3 Das Olivenöl in einer großen Pfanne erhitzen und darin die Zwiebeln etwa 5 Minuten anbraten. Mit Zitronensaft ablöschen und den Zitronenabrieb unterrühren. Leicht salzen und mit Pfeffer würzen.

4 Die bissfest gegarten Spaghetti mit einem Schaumlöffel direkt aus dem Kochwasser in die Pfanne geben. Alles locker vermischen und eventuell nochmals abschmecken. Kurz vor dem Servieren Rucola unterheben und alles auf Teller verteilen. Nach Belieben mit Parmesanspänen bestreuen.

BBQ-TEMPEH-
Bowl

FÜR 1 PORTION

Für den BBQ-Tempeh
– 200 g Tempeh
– 1 Knoblauchzehe
– Öl zum Braten
– 1 EL Ahornsirup
– 2 EL Sojasauce
– 4 EL Barbecue-Sauce
  (Smoke-Flavor)

Für das Dressing
– 1 rote Chilischote
– 1 EL Ahornsirup
– 4 EL Limettensaft
– 3 EL Sojasauce

Außerdem
– 100 g Reisnudeln
  (aus dem Asialaden)
– 1 Möhre
– 1 rote Paprikaschote
– 60 g Baby-Leaves-Salat
– 2 Frühlingszwiebeln
– ½ Bund Koriandergrün
– 3 Stängel Minze

UND SO GEHT'S

1 Die Reisnudeln nach Packungsanweisung garen, anschließend in ein Sieb abgießen und abtropfen lassen, gegebenenfalls warm halten. Inzwischen für das Dressing die Chilischote waschen, Stielansatz wegschneiden, die Schote längs halbieren, entkernen und fein hacken. Ahornsirup, Limettensaft und Sojasauce mischen, Chili unterrühren und ziehen lassen.

2 Die Möhre schälen und in feine Streifen (Julienne) hobeln – oder mit dem Sparschäler längs lange, dünne Späne abziehen. Paprikaschote halbieren, putzen, waschen und längs in feine Streifen schneiden. Den Salat waschen und trocken schütteln. Frühlingszwiebeln putzen, waschen und mit dem Grün schräg in dünne Ringe schneiden. Koriandergrün und Minze waschen, trocken schütteln, die Blättchen abzupfen und grob hacken.

3 Tempeh in ca. 1 cm dicke Scheiben oder Stücke schneiden, Knoblauch schälen. In einer beschichteten Pfanne reichlich Öl erhitzen, darin den Tempeh beidseitig bei mittlerer bis großer Hitze 5–6 Minuten braten, bis er knusprig gebräunt ist. Aus der Pfanne nehmen und auf Küchenpapier abtropfen lassen.

4 Öl bis auf einen kleinen Rest aus der Pfanne gießen und neu erhitzen. Knoblauch hineinpressen und kurz andünsten. Ahornsirup, Sojasauce, knapp 100 ml Wasser und Barbecue-Sauce einrühren. Bei mittlerer Hitze dickflüssig einkochen lassen. Den Tempeh hineingeben und 2–3 Minuten darin ziehen lassen, dabei mehrmals wenden und dann vom Herd nehmen.

5 Reisnudeln auf Schalen verteilen, Salat, Möhre, Paprika, die Hälfte Frühlingszwiebeln und Kräuter darauf verteilen und mit dem Dressing begießen. Tempeh obenauf legen und mit den übrigen Frühlingszwiebeln und Kräutern bestreuen. Vor dem Servieren alles untereinander mischen.

QUARKCREME
mit Ananas und Kokoschips

FÜR 2 PORTIONEN

- 250 g Magerquark
- 100 g Joghurt (1,5 % Fett)
- ½ Bio-Limette
- ¼ Ananas
- 20 g Kokoschips

UND SO GEHT'S

1 Magerquark und Joghurt verrühren. Die Limette heiß abspülen und etwas von der Schale abreiben. Die Limette halbieren und auspressen. Limettensaft und -abrieb unterrühren.

2 Die Creme auf zwei Gläser verteilen.

3 Die Ananas schälen, vom Strunk befreien und klein würfeln. Die Ananaswürfel auf der Creme verteilen, mit Kokoschips bestreuen und servieren.

NICECREAM

mit gefrorenen Beeren

FÜR 4 PORTIONEN

- 300 g gefrorene Früchte
- 6 EL Naturjoghurt
- 100 g Zucker

UND SO GEHT'S

1 Alle Zutaten in einen Standmixer geben und so lange miteinander vermixen, bis eine homogene Masse entsteht.

2 Das Eis kann direkt verzehrt oder aber im Gefrierfach aufbewahrt werden, bis die Gäste kommen.

TIPP

Achten Sie darauf, dass Ihr Mixer Gefrorenes zerkleinern kann, um ihn nicht kaputt zu machen. Dieses Rezept schmeckt übrigens auch sehr gut mit allerlei anderen Früchten, z. B. Mango oder Bananen, scheuen Sie sich nicht, zu experimentieren!

VANILLECREME
mit Himbeeren

FÜR 2 PORTIONEN

- 250 g Seidentofu
- 150 g Joghurt
- 1 EL Erythrit
  (Zuckeralternative)
- ½ Vanilleschote
- 150 g Himbeeren

UND SO GEHT'S

1 Den Seidentofu mit Joghurt und Erythrit in eine Schüssel geben. Die Vanilleschote längs aufschneiden und das Mark mit einem Messer in die Schüssel kratzen. Alles mit einem Pürierstab cremig rühren. Die Creme in zwei Dessertschalen füllen.

2 Die Himbeeren verlesen, eventuell waschen und vorsichtig mit Küchenpapier trocken tupfen. Die Beeren auf der Creme verteilen.

SCHOKO-CRÊPES

mit Erdbeeren

FÜR 6 STÜCK

Für den Teig
- 2 Eier (Größe M)
- 2 EL Vanillezucker
- 2 EL Zucker
- 150 g Weizenmehl (Type 405)
- 3 EL Backkakao
- Salz
- 250 ml Milch
- etwas Öl zum Backen

Für den Belag
- 240 g Sahne
- 2 TL Puderzucker
- 2 EL Vanillezucker
- 200 g Erdbeeren
- 100 g Zartbitterkuvertüre
- Puderzucker (nach Belieben)

UND SO GEHT'S

1 Für den Teig die Eier mit Vanillezucker und Zucker in einer Rührschüssel schaumig rühren. Das Mehl mit dem Kakaopulver mischen, die Mischung dazusieben und unterrühren. 1 Prise Salz und die Milch dazugeben und alles verrühren, bis ein glatter flüssiger Teig entsteht. Den Teig mit einem Tuch abdecken und etwa 20 Minuten ruhen lassen.

2 Aus dem Teig nacheinander 6 Crêpes backen. Dafür jeweils etwas Öl in einer Pfanne oder auf einem Crêpe-Eisen erhitzen. 1 Schöpfkelle Teig dazugeben und bei mittlerer Hitze auf beiden Seiten etwa 2 Minuten backen, bis sie goldbraun sind. Herausnehmen und auf einem Kuchengitter vollständig abkühlen lassen.

3 Für den Belag die Sahne mit Puderzucker und Vanillezucker steif schlagen. Die Erdbeeren waschen, trocken tupfen, putzen und vierteln. Die Viertel unter die Sahne heben.

4 Die Zartbitterkuvertüre in einer Schüssel über dem heißen Wasserbad schmelzen. Die Crêpes mit der Erdbeer-Sahne bestreichen, einrollen und mit der Zartbitterkuvertüre bedecken. Die Crêpes nach Belieben mit Puderzucker bestäuben und servieren.

HEIDELBEEREN
mit Mascarpone

FÜR 2 PORTIONEN

- ½ Zitrone
- 100 g Heidelbeeren
- 150 g Mascarpone
- 150 g fettarmer Joghurt
- 2 EL Erythrit
  (Zuckeralternative)

UND SO GEHT'S

1 Den Saft der Zitrone auspressen. Die Heidelbeeren verlesen, vorsichtig waschen und mit Küchenpapier trocken tupfen.

2 Zwei Drittel der Beeren, Mascarpone, Joghurt, Erythrit und Zitronensaft in eine Schüssel geben und mit einem Pürierstab cremig pürieren.

3 Die Creme in zwei Dessertschalen füllen und mit den restlichen Heidelbeeren garnieren.

APRIKOSENQUARK
mit Mandeln

FÜR 2 PORTIONEN

– 250 g Aprikosen

– 250 g Quark
  (40 % Fett i. Tr.)

– 1 EL Erythrit
  (Ersatzzucker)

– 50 g Mandelstifte

– 1 TL Backkakao

UND SO GEHT'S

1 Die Aprikosen waschen, entsteinen und in kleine Würfel schneiden. Den Quark in einer Schüssel mit Erythrit verrühren. Die Hälfte der Aprikosenwürfel vorsichtig untermischen.

2 Den Aprikosenquark, die übrigen Aprikosenwürfel und die Mandelstifte abwechselnd in zwei Portionsschalen schichten. Die oberste Schicht sollte Quark sein. Mit dem Kakaopulver bestäuben.

SUMMER
Dream

FÜR 2 PORTIONEN

- 800 g Wassermelone
- Saft einer Limette
- 10 Minzblätter oder mehr
- Eiswürfel (nach Belieben)

UND SO GEHT'S

1 Wassermelone grob klein schneiden und zusammen mit Limetten-saft und Minzblätter in einen Standmixer geben oder mit einem Stabmixer fein pürieren.

2 Zum Servieren die Eiswürfel in die Gläser geben und mit dem Smoothie auffüllen.

GURKEN-
Basilikum-Limo

FÜR CA. 1L

– 300 g Bio-Salatgurke
– 50 ml Zitronensaft, frisch gepresst
– 30 g Basilikum
– 60 g Honig
– Meersalz

Zum Servieren
– Sprudelwasser
– Bio-Salatgurke
– Eiswürfel (nach Belieben)

UND SO GEHT'S

1 Die Salatgurke waschen und klein schneiden. Zusammen mit dem Zitronensaft, 200 ml kaltem Wasser und dem Basilikum in einem Mixer fein pürieren.

2 Mit dem Honig und 1 Prise Meersalz verfeinern und durch ein feines Sieb geben.

3 Mit 500–800 ml Sprudelwasser auffüllen und mit einigen Gurkenscheiben auf Eis servieren.

TIPP

Anstatt des Basilikums einfach frische Minze verwenden. Wagemutige können auch etwas Wasabi unterrühren.

EXOTISCHER
Eiskaffee

FÜR 2 PORTIONEN

- 2 Tassen Espresso
- 4 frische Datteln (Medjool)
- 150 ml Kokosmilch (aus der Dose)
- ¼ TL Bourbon-Vanille-Pulver
- 1 Handvoll Eiswürfel

UND SO GEHT'S

1 Den Espresso brühen und etwas auskühlen lassen.

2 Die Datteln entsteinen. Gemeinsam mit der Kokosmilch und dem Vanillepulver in einen Standmixer geben und pürieren.

3 Die Eiswürfel in ein Glas geben, den abgekühlten Espresso hinzufügen und mit Dattel-Kokosmilch aufgießen.

TIPP

Um einen echten Wachmacher-Smoothie zu erhalten, alle Zutaten gemeinsam mit 1 Banane im Standmixer zu einer cremigen Masse mixen.

JOHANNISBEER-
Lassi

FÜR CA.
500 ML LASSI

– 250 g rote
Johannisbeeren

– 80 g griechischer Joghurt
(10 % Fett)

– 100 ml Grapefruitsaft,
frisch gepresst

– 2–4 EL Honig
(nach Belieben)

– ⅓ TL Meersalz

Zum Servieren

– Johannisbeerrispen

– Feiner Zucker

UND SO GEHT'S

1 Die Johannisbeeren unter fließendem Wasser abbrausen, mithilfe einer Gabel die Beeren von den Rispen streifen und zusammen mit den restlichen Zutaten und 120 ml kaltem Wasser in einem Standmixer fein pürieren.

2 Für einige Zeit kalt stellen.

3 Vor dem Servieren einige Rispen in feinem Zucker wälzen und zur Dekoration an den Glasrand hängen.

TIPP

Für ein spannendes Aroma 2–3 Zweige Zitronenmelisse mitpürieren.

TROPICAL
Smoothie

FÜR 2 PORTIONEN

- 1 Banane
- 1 Passionsfrucht
  oder Papaya
- 200 g Ananas
- Saft 1 Limette
- 30 g Kokoschips
  (alternativ 100 ml
  Kokoswasser)
- Koriandergrün
  (nach Belieben)

UND SO GEHT'S

1 Die Banane schälen und in groben Stücken in einen Standmixer geben. Das Fruchtfleisch aus der Passionsfrucht lösen und in den Standmixer geben. Ananas, Limettensaft, Kokoschips und Koriander nach Belieben hinzufügen und mit 200 ml Wasser auffüllen. Alles zusammen fein pürieren.

2 In schönen Gläsern servieren.

SEX ON THE
Peach

FÜR 2 PORTIONEN

– 2 Pfirsiche
– 330 ml Kokoswasser
– Saft ½ Limette
– ½ Banane
– 2 EL Kokoschips
– ¼ TL gemahlener
  Kardamom

Außerdem
– 2 Scheiben einer
  Bio-Limette

UND SO GEHT'S

1 Die Pfirsiche waschen, entkernen und in groben Stücken in einen Standmixer geben. Zu den Pfirsichen Kokoswasser, Limettensaft, Banane, Kokoschips sowie den Kardamom geben. Alles gut pürieren, bis eine glatte, homogene Masse entstanden ist.

2 Limettenscheiben an einer Seite einschneiden und auf die Glasränder stecken. Den fruchtigen Smoothie aufgießen und genießen.

IMPRESSUM

Bibliografische Information der Deutschen Bibliothek.

Die Deutsche Bibliothek verzeichnet diese Publikation in der Deutschen Nationalbibliografie.

Detaillierte bibliografische Daten sind im Internet über http://www.dnb.de/ abrufbar.

EIN BUCH DER EDITION MICHAEL FISCHER

1. Auflage 2022

© 2022 Edition Michael Fischer GmbH, Donnersbergstr. 7, 86859 Igling

Reihengestaltung: Yvonne Witzan

Covergestaltung: Emilia Ruppel

Projektleitung: Julia Bögelein

Satz: Sonja Bauernfeind

Bilder: Coverfoto Nadja Buchczik; S. 2, 15, 57 Jessica Lerchenmüller; S. 3, 31, 37 Tina Bumann; S. 3, 10, 53, 61, 63 Brigitte Sporrer; S. 4 Kristini/Shutterstock; S.6-9 adehoidar/Shutterstock; S. 13, 23, 39, 55, 59 Nadja Buchczik; S. 17 Katrin Winner; S. 19, 25, 35 Claudia Timmann; S. 21 Janina Lechner; S. 27, 29, 41, 45, 49, 51 Sabrina Sue Daniels; S. 33 Fotostudio Eising; S. 43 Katja Westphal; S. 47 Melanie Allhof

Texte Rezepte: S. 12, 54, 58 Anton Enns; S. 14, 56 Jessica Lerchenmüller; S. 16 Tanja Dusy und Inga Pfannebecker; S. 38 Tanja Dusy; S. 18, 34 Anne Iburg; S. 20 Janina Lechner; S. 22, 26, 28, 30, 32, 36, 44, 48, 50 Rose Marie Donhauser; S. 24 Gabriele Gugetzer; S. 40 Christina Wiedemann; S. 42 Katja Westphal; S. 46 Melanie Allhof; S. 52, 60, 62 Irina Pawassar

Texte Grundlagenteil: Mora Fütterer

ISBN: 978-3-7459-1032-2

Gedruckt bei PNB Print SIA „Jansili", Silakrogs, Ropazu novads, LV-2133, Lettland

www.emf-verlag.de